MARKUS RAHN

TAUFEN – wann und wie?

Überraschende Beobachtungen im Neuen Testament

Francke

Über den Autor:
Markus Rahn war unter anderem als Jugendpastor, Bibelübersetzer und Dozent für biblische Sprachen tätig. Jetzt ist er Gemeindepfarrer in Marburg.

MIX
Papier aus verantwortungsvollen Quellen
FSC® C083411

Bibliografische Information der Deutschen Nationalbibliothek Die Deutsche Nationalbibliothek verzeichnet diese Publikation in der Deutschen Nationalbibliografie; detaillierte bibliografische Daten sind im Internet über http://dnb.dnb.de abrufbar.

ISBN 978-3-96362-238-0

35037 Marburg an der Lahn
Umschlagbild: © iStockphoto.com / caracterdesign
Umschlaggestaltung: Francke-Buch GmbH /
Satz: Francke-Buch GmbH
Druck und Bindung: CIP books GmbH, Leck

www.francke-buch.de

INHALT

WORUM ES GEHT

Zwei Dinge möchte ich in diesem Buch zeigen, und zwar anhand von Beobachtungen im Neuen Testament. Erstens, dass wir frei sind, unsere Kinder schon als Säuglinge zu taufen, oder aber damit zu warten und ihnen selbst die Entscheidung zu überlassen. Für beide Wege gibt es in der Bibel überzeugende Argumente. Das erlaubt uns, die Taufe nach unserer persönlichen Prägung und Lebenssituation so zu gestalten, wie es am besten zu uns passt. Darüber hinaus können wir einen alten Streit unter Christen beilegen. Was auch nicht unwichtig ist.

Das Zweite, was ich zeigen will, ist, welcher Reichtum in der Taufe liegt und was es für uns bedeuten kann, im Bewusstsein und Vertrauen zu leben: Ich bin getauft! Tatsächlich gibt uns Gott hier ein vieldimensionales Zeichen, durch welches er uns Wichtiges sagt. Und mehr noch, er wirkt auch durch die Taufe, und das nicht nur in dem Moment, in dem sie vollzogen wird, sondern immer wieder neu, wenn wir uns der Wirklichkeit öffnen, von der die Taufe redet und handelt.

Habe ich Ihr Interesse geweckt? Dann lassen Sie uns mit der alten Frage nach dem richtigen Zeitpunkt der Taufe beginnen und die biblische Freiheit entdecken!

KINDERTAUFE ODER GLAUBENSTAUFE?

Viele Christen hätten gern Klarheit. Kindertaufe oder Glaubenstaufe – nur eins kann doch richtig sein, könnte man auf den ersten Blick denken, und am liebsten natürlich das, was wir gewohnt sind. Deshalb neigen nicht wenige von uns dazu, ausschließlich das in der Bibel zu finden, was wir bisher gedacht haben und was sich für uns in der Vergangenheit als gut und hilfreich erwiesen hat. Und allein aus diesem Grund schon schließen wir gern, dass abweichende Ansichten unmöglich ebenfalls zutreffen können.

Ich lade Sie ein, Ihr Herz weit zu machen und genauer hinzuschauen. Ich möchte Ihnen zeigen, dass es sowohl für die Kinder- als auch für die Mündigentaufe gute Gründe in der Bibel gibt und dass sie sich nicht widersprechen, sondern ergänzen und es möglich machen, den Zeitpunkt der Taufe an vielfältige Lebenssituationen anzupassen.

Vielleicht überrascht Sie das. Es lässt sich dennoch leicht nachweisen. Der Schlüssel sind einige wenige unbestreitbare Tatsachen, die – sobald man sie ausspricht – sofort einleuchten. Trotzdem werden sie weithin übersehen, weil sie weniger aus einzelnen Bibelstellen hervorgehen als aus der Gesamtheit ihrer Aussagen zur Taufe.

Sind Sie bereit?

EINE ERSTE ÜBERRASCHENDE TATSACHE

Eine erste weithin übersehene Beobachtung, die wir im Neuen Testament machen können, ist, *dass die Taufe hier ausnahmslos genau am Beginn des christlichen Lebens vollzogen wird.* Es gibt keinen einzigen Fall, in dem jemand getauft wird, der länger als einen Tag Christ ist.

Daraus folgt, dass die heute in vielen Freikirchen verbreitete Praxis, Jugendliche zu taufen, die schon seit Jahren an Jesus glauben, deutlich von dem abweicht, was die Bibel über die Taufe sagt. Das Gleiche gilt für die Gewohnheit, Menschen, die Christen werden, nicht sofort, sondern erst nach einer Zeit des Unterrichts und der Bewährung zu taufen.

Ich will damit nicht sagen, dass diese Handhabungen der Taufe falsch sind. Mir ist es nur wichtig festzustellen, dass Taufen, die nicht am Anfang des christlichen Weges erfolgen, sich so stark von dem unterscheiden, was wir im Neuen Testament über die Taufpraxis der Urgemeinde lesen, dass sie jedenfalls nicht als einzig richtige gelten können.

Schauen wir uns die neutestamentlichen Berichte über Taufen kurz an. Sieben gibt es insgesamt. An Pfingsten werden zum ersten Mal Menschen im Namen Jesu getauft, und zwar noch am selben Tag, an dem sie zum Glauben kommen (Apg 2,41). Die Taufe erfolgt unmittelbar: Wer an Jesus glauben kann, kann auch getauft werden und gehört fortan zur christlichen Gemeinde. Gleiches gilt für eine Gruppe von Samaritanern in Apostelgeschichte 8,12: »Als sie den Predigten des Philippus vom Reich Gottes und vom Namen Jesu Christi glaubten, ließen sich taufen Männer und Frauen.«

Kurz danach wird im selben Kapitel berichtet, wie derselbe Philippus auf einen afrikanischen Beamten trifft. Er steigt zu dem Fremden in den Wagen und erklärt ihm das Evangelium. Noch während der Fahrt kommt der ausländische Gast zum Glauben an Jesus und sagt: »Schau, da ist Wasser, was hindert's, dass ich mich taufen lasse?« (8,36). Die Antwort lautet: Nichts! Gleich wird er getauft.

So geht es weiter mit Saulus in Kapitel 9,18, dann mit dem römischen Zenturio Kornelius, seinen Verwandten und engen Freunden (10,44-48) sowie mit der Händlerin Lydia und ihrer Familie in Philippi (16,14-15). Sie alle werden unmittelbar am Beginn ihres Weges mit Jesus getauft. Gleiches geschieht wenig später in derselben Stadt mit dem dortigen Gefängnisvorsteher und seiner Familie. Hier erfolgt die Taufe ausdrücklich »auf der Stelle« (16,33). In Ephesus trifft Paulus dann auf einige Schüler von Johannes dem Täufer. Er erklärt ihnen die Bedeutung von Jesus und »als sie das hörten, ließen sie sich taufen« (19,5).

Alle sieben Berichte – mehr gibt es im Neuen Testament nicht – zeigen übereinstimmend, dass die urchristliche Taufe immer in unmittelbarem zeitlichem Zusammenhang mit dem Moment steht, in dem Menschen Christen und Teil der Gemeinde werden. Es gibt keine Ausnahme.

Die frühe Kirche hat zweifelsohne die Taufe mit der Evangelisation verbunden. Wo heute bei missionarischen Veranstaltungen Menschen eingeladen werden, nach vorn zu kommen, um mit einem Gebet ihr Leben Jesus anzuvertrauen, haben die ersten Christen nicht nur gebetet, sondern auch gleich getauft. Christwerden und Taufe gehörten für sie zusammen. Halten wir das erst einmal fest. Was daraus folgt, überlegen wir später.

Lassen Sie uns zunächst unsere Beobachtung anhand der inhaltlichen Aussagen überprüfen, die das Neue Testament zur Taufe macht.

DIE GEGENPROBE

Genauso durchgängig, wie die Apostelgeschichte die Taufe mit dem Beginn des Christseins verbindet, tun es die inhaltlichen Aussagen des Neuen Testaments zur Taufe. Und zwar in so konsequenter Weise, dass sie der Taufe sogar als aktive Wirkung das zuschreiben, was geschieht, wenn ein Mensch Christ wird.

»Wisst ihr nicht, dass alle, die wir in Christus Jesus hineingetauft sind, in seinen Tod hineingetauft sind?«, schreibt Paulus zum Beispiel in Römer 6,3 und fährt fort: »So sind wir nun mit ihm begraben worden durch die Taufe in den Tod, damit, wie Christus von den Toten auferweckt worden ist ..., wir ein neues Leben führen.« Für Paulus endet also mit der Taufe das alte, nichtchristliche Leben, und das neue, christliche beginnt. Und das in engster Verbindung mit Jesus. Für diese Nähe gebraucht Paulus in Galater 3,27 ein starkes Bild: »Ihr alle, die ihr in Christus hineingetauft seid, habt Christus angezogen« – durch die Taufe ist Jesus uns mithin so nah wie unsere Kleidung!

Mit der Beziehung zu Jesus entsteht bei der Taufe zugleich eine Verbindung zu allen Menschen, die ebenfalls zu ihm gehören. Das veranschaulicht Paulus auf einprägsame Weise mit dem Bild eines Körpers in seiner Einheit und Vielfalt, dessen Teil man bei der Taufe wird: »Wir sind alle durch einen Geist in einen Leib hineingetauft worden, wir seien Juden oder Griechen, Sklaven oder Freie, und haben alle einen Geist zu trinken bekommen« (1. Kor 12,13).

Neben der Aufnahme in die Gemeinde Jesu ist hier vom Empfang des Heiligen Geistes die Rede. Auch diese Gabe wird mit der Taufe verbunden. Den gleichen Gedanken finden wir in den Worten von Petrus am Pfingsttag: »Lasst euch taufen auf den Namen Jesu Christi zur Vergebung eurer Sünden und ihr werdet das Geschenk des Heiligen Geistes erhalten« (Apg 2,38).

Dieser Aussage zufolge vermittelt die Taufe nicht nur den Heiligen Geist, sondern auch Befreiung von aller Schuld. Wenn wir das vor Augen haben, verstehen wir wiederum, dass die Taufe gemäß 1. Petrus 3,21 Menschen »rettet« und »die Bitte an Gott um ein gutes Gewissen« darstellt.

Alle diese Lehraussagen des Neuen Testaments setzen voraus, dass unmittelbar bei der Taufe der Übergang vom nicht christlichen zum christlichen Leben vollzogen wird. Hierbei handelt es sich offensichtlich um den urgemeindlichen Normal- und Idealfall, von dem fast alle Beschreibungen und Überlegungen ausgehen, die wir in der Bibel zur Taufe finden.

Man kann nur staunen, wie eindeutig dieser Befund ist und wie wenig er zugleich zur Kenntnis genommen wird. Dasselbe gilt für eine weitere interessante Beobachtung, die ebenfalls weithin übersehen wird.

EINE ZWEITE BEOBACHTUNG

Eine zweite ebenso wichtige wie unbeachtete Tatsache ist, *dass wir weder im Neuen Testament noch in den frühen Zeugnissen der Kirche bis ins späte 2. Jahrhundert irgendeinen Hinweis darauf finden, in welchem Alter die frühe Kirche Kinder getauft hat, die in christliche Familien hineingeboren wurden. Wir wissen nicht einmal, ob diese Kinder überhaupt getauft wurden.*

Zugegeben, wir würden es gern wissen. Nichtwissen schmerzt. Vielleicht neigen wir deshalb dazu, die uns vertraute Taufpraxis in die Urgemeinde hineinzuprojizieren. Die Wahrheit aber ist: Wir haben keine Ahnung, wie sich die ersten Christen in dieser Sache verhalten haben.

In der Tat ist es schwer zu glauben, dass wir nicht das kleinste Indiz besitzen. Die Frage musste sich ja unzählige Male gestellt haben, eigentlich bei jeder Geburt. Diskussionen über Notwendigkeit und Zeitpunkt, auch über die richtige Form – ob mit Untertauchen oder Übergießen –, wären zu erwarten, auch Taufgebete, Taufliturgien, Erinnerungen an Tauffeiern. Aber wir haben nichts, absolut nichts.

Dieses völlige Schweigen ist bemerkenswert. Es gibt dafür eigentlich nur zwei Erklärungen, von denen lediglich eine wirklich infrage kommt. Der erste Grund könnte theoretisch sein, dass alle Christen in Asien, Europa und Afrika in mehr als 150 Jahren im Wesentlichen die gleiche Praxis bei der Taufe ihrer Kinder hatten, es also nichts zu diskutieren gab. Das aber ist mehr als unwahrscheinlich, wenn man überlegt, wie viele Einzelfragen bei einer Taufe zu berücksichtigen sind. Deshalb liegt ein anderer Schluss näher: dass in dieser Angelegenheit Freiheit herrschte und die Frage, ob, wann und wie in christlichen Familien geborene Kinder zu taufen waren, offenbar kein ernster Streitpunkt war.

Wenn unsere beiden Beobachtungen zutreffen, dass erstens die neutestamentliche Taufe durchweg mit dem Beginn des christlichen Lebens verbunden war und wir zweitens nicht wissen, ob, wann und wie die Urgemeinde Kinder getauft hat, die in christliche Familien hineingeboren wurden, dann folgt daraus zumindest dies: Wir können aus dem Neuen Testament nicht verbindlich ableiten, ob, wann und wie Christen heute ihre Kinder taufen sollen. Denn der Anfang des Christseins lässt sich in ihrem Fall nicht genau bestimmen und das Neue Testament macht an dieser Stelle keine Vorgaben. Positiv formuliert heißt das: In der Frage der Kinder- und Mündigentaufe lässt die Bibel Freiheit. Eigentlich nicht schlecht, oder? Ein alter Streit könnte beigelegt werden.

Nun, trotzdem hätten manche Christen es lieber eindeutig. Deshalb haben sie in der Bibel nach Argumenten für die eine oder andere Sichtweise gesucht. Schauen wir uns ihre Überlegungen an.

STÄRKEN UND GRENZEN DER GLAUBENSTAUFE

Menschen, die für die Glaubens- oder Mündigentaufe eintreten, weisen vor allem darauf hin, dass bei den Taufen im Neuen Testament in der Regel der persönliche Glaube vorausgesetzt wird. Dies nicht nur in der Apostelgeschichte, sondern auch in den Aussagen der Evangelien und Briefe. Das ist zweifellos wahr und muss im Rahmen unserer Überlegungen nicht extra bewiesen werden. In der Mehrzahl der von der Bibel beschriebenen Fälle lassen sich Menschen bewusst und freiwillig taufen, sobald sie zum Glauben an Jesus kommen.

Die entscheidende Frage für unseren Gedankengang jedoch ist, ob dies *immer* zutrifft oder nur in der Regel und es auch Ausnahmen geben kann. Mit anderen Worten: Wird der individuelle Glaube bei jeder Taufe zwingend verlangt oder gibt es im Neuen Testament auch abweichende Fälle, in denen Menschen ohne eigenen Glauben getauft werden?

Tatsächlich besteht diese Möglichkeit. Denn viermal wird davon berichtet, dass ganze Familien gemeinsam getauft wurden. Es handelt sich, wie schon erwähnt, um die Freunde und Angehörigen von Kornelius (Apg 10,24), »das Haus« Lydias (16,15), das des Gefängnisaufsehers in Philippi (16,33) und das des Stephanas (1. Kor 1,16). Natürlich wissen wir nicht, ob auch Unmündige darunter waren, und wenn es sie gab, ob sie getauft wurden. Je nach unserer Bevorzugung der Glaubens- oder Kindertaufe werden wir Letzteres für mehr oder weniger wahrscheinlich oder gar ausgeschlossen halten. Es ist dabei übrigens interessant zu beobachten, wie sehr unsere Prägung unsere Deutung der Bibel beeinflusst. Auf jeden Fall aber können wir die Taufe von Unmündigen nicht sicher ausschließen. Es *kann* also Ausnahmen zur Regel der Glaubenstaufe gegeben haben. Die Bibel lässt das offen.

Klar wäre die Situation nur dann, wenn die Bibel ausdrücklich ein persönliches Glaubensbekenntnis von jedem Täufling fordern würde. Das tut sie aber nicht. Und wo die Bibel – und sei es durch Unschärfe – Freiheit lässt, da empfiehlt es sich, ebenfalls Freiraum zu gewähren und nicht durch willkürliche Entscheidungen Streit und Trennungen zu provozieren.

Was wir außerdem aus diesen vier interessanten Passagen ableiten können, ist, dass die ersten Christen nicht nur die persönliche Entscheidung eines Menschen wahrgenommen haben, sondern auch den Einfluss seiner Familie auf seinen geistlichen Weg. Diese Beobachtung entspricht sicher mehr der Wirklichkeit als eine abstrakte Sicht des Menschen als unabhängiges Einzelwesen. Die Bedeutung des sozialen Umfelds blenden wir aufgrund unserer modernen individualistischen Tendenz gern aus. Tatsache aber ist, dass die Kinder von Christen heute wie vor 2.000 Jahren in der Regel nicht als Nichtchristen, sondern als Christen aufwachsen. Ihre Taufe anlässlich der Aufnahme einer ganzen Familie in die Gemeinde würde das zutreffend abbilden. Sollte die frühe Kirche die kleinen Kinder und Säuglinge da ausgeschlossen haben?

Die Annahme, dass in diesem Zusammenhang die Jüngsten mit getauft wurden, legt sich umso näher, als auch aus der jüdischen Gemeinde der Brauch belegt ist, bei der Aufnahme von nichtjüdischen Familien kleine Mädchen mit zu taufen und kleine Jungen mit zu beschneiden. Diesen Hinweis gibt der Neutestamentler Joachim Jeremias.[1]

Aus diesen Gründen halte ich die Taufe von Unmündigen schon bei den ersten Christen für wahrscheinlich, wenn auch nicht mit letzter Sicherheit nachzuweisen.

---

1 Joachim Jeremias, Hat die Urkirche die Kindertaufe geübt?, 2. Auflage, Göttingen 1949, S. 17–22.

Hierbei ist zu beachten, dass wir also sehr wohl Hinweise auf die Taufe von Kindern in der Urkirche haben, allerdings ausschließlich im Rahmen der Taufe ihrer ganzen Familie. Ob, wann und wie die ersten Gemeinden Kinder getauft haben, die in christliche Familien hineingeboren wurden, liegt dagegen völlig im Dunkeln.

Dazu noch eine andere – moderne – Überlegung aus dem Leben der Gemeinde. Geradezu ein Lackmustest für die Bewertung unserer Haltung in Sachen Taufe könnte die Frage sein: Dürfen christliche Eltern ihr geistig schwer behindertes Kind taufen? Die Antwort kann doch nur lauten: Selbstverständlich dürfen sie das! Wer will es ihnen verwehren? Ihr Kind gehört ganz und gar zur christlichen Gemeinde! Wer will da verbieten, es zu taufen? Solche Fragen sind es, an denen sich die Lehre und Praxis der Kirche bewähren müssen: Fragen der Liebe.

Schon an diesem Beispiel zeigt sich: Die Glaubenstaufe kann nicht die einzige legitime Form der Taufe sein. Sie wird manchen Lebenssituationen nicht gerecht.

Dennoch kann man fragen, ob die Glaubenstaufe nicht doch für die Mehrzahl der Menschen möglich ist und am besten der Bibel entspricht. Die meisten sind ja fähig oder werden es noch, sich eigenständig zum Glauben zu bekennen. Die Antwort lautet: Im Prinzip, ja, aber – wie wir gesehen haben – wirklich biblisch ist die Glaubenstaufe nur dann, wenn sie unmittelbar bei der Bekehrung vollzogen wird.

Das ist jedoch interessanterweise heute so gut wie nie der Fall. Die meisten Gemeinden gehen davon aus, dass für die Taufe mehr Informationen nötig sind als für die Hinwendung zu Jesus. Aus ihrer Sicht braucht es eine Zeit des Unterrichts, auch der Bewährung und inneren Vorbereitung. Außerdem ist die Taufe oft mit einer Kirchenmitgliedschaft verbunden, das heißt mit rechtlichen Folgen, die zu bedenken sind.

Solche Überlegungen haben in der Urgemeinde offenbar keine Rolle gespielt. Wir können sie andererseits nicht einfach ignorieren. Die Folge: Wir sind weiter von der biblischen Taufe entfernt, als vielen von uns bewusst ist. Tatsächlich trifft die Mehrzahl der biblischen Aussagen auf unsere heutige Form der Mündigentaufe nicht zu: In der verzögerten Taufe beginnt kein neues Leben (Röm 6,3-4), empfängt niemand den Heiligen Geist und wird kein Täufling Teil des Leibes Christi (1. Kor 12,13), denn all das hat er schon geraume Zeit, oft Jahre vor der Taufe erlebt, als er zum Glauben an Jesus gekommen ist. Es muss und kann sich nicht wiederholen. Damit aber wird die moderne Taufe gegenüber dem biblischen Vorbild gravierend verändert. Sie wird vom Christwerden getrennt und im Wesentlichen in ein Zeichen verwandelt, das sichtbar macht, was unabhängig von ihr vorher passiert ist.

Man kann die biblische Taufe mit der kirchlichen Trauung in Ländern vergleichen, wo sie Rechtskraft besitzt. Dort wird mit dem Jawort vor dem Altar der Ehebund tatsächlich geschlossen. In Deutschland ist es anders: Hier beginnt die Ehe verbindlich und vollständig beim Standesamt. Die kirchliche Trauung begründet dann den Ehebund kein zweites Mal, sie kann ihn aber segnen, bekräftigen, öffentlich machen und feiern. Das ist wunderschön und wichtig, es kann von dem betreffenden Paar sogar als der eigentliche Beginn seiner Ehe empfunden werden. Faktisch war es jedoch schon vor seiner kirchlichen Hochzeit miteinander verheiratet. In gleicher Weise kann die Taufe einen Menschen, der bereits Christ ist, nicht erneut zum Christen machen. Sie ist aber in der Lage, sein Christsein zu segnen, zu bekräftigen, öffentlich zu machen und zu feiern, was von eigener Bedeutung und Wirkung sein kann.

In diesem Sinne wird von Befürwortern der Glaubenstaufe oft ersatzweise betont, dass es sich bei ihr eben vor allem um ein Bekenntnis handelt. Dieser Aspekt ist sicher vorhanden und zu begrüßen. Wir müssen allerdings feststellen, dass er in den Tauftexten der Bibel keine erkennbare Rolle spielt. Nie wird die Taufe so gedeutet. Dort wird ausschließlich beschrieben, was bei ihr geistlich mit einem Menschen geschieht.

Ich will damit nicht sagen, dass wir heute – aus nachvollziehbaren Gründen – bei Glaubenstaufen nicht so verfahren dürfen, wie wir es tun. Mein entscheidender Punkt jedoch ist, dass sich die moderne Praxis der Glaubenstaufe in so gut wie allen Fällen deutlich von dem unterscheidet, was die Bibel über die Taufe berichtet und lehrt. Wenn Menschen meinen, dass sie mit der heutigen Form der verzögerten Glaubenstaufe präzise dem Neuen Testament folgen, irren sie daher. Genaues Hinschauen könnte sie zu einer selbstkritischen Sicht und zu mehr Verständnis für andere Versuche führen, sich dem biblischen Vorbild zu nähern.

WAS HEISST DAS FÜR DIE TAUFE VON KINDERN IN CHRISTLICHEN FAMILIEN?

Schon bei der Taufe mündiger Menschen haben wir ernste Probleme, den biblischen Vorgaben zu folgen. Noch schwieriger ist es bei Kindern, die in christliche Familien hineingeboren werden. Aus gutem Grund sind wir ratlos: Wie wir gesehen haben, finden wir weder im Neuen Testament noch in der frühen Kirchengeschichte irgendein Vorbild oder irgendeine Vorschrift für diesen Fall. Zwar gibt es Aussagen zur Taufe, aber sie lassen sich nicht unmittelbar auf diese Kinder übertragen. Einerseits setzt die Taufe in der Bibel normalerweise – vielleicht mit Ausnahmen – persönlichen Glauben voraus. Auf der anderen Seite ist sie immer mit dem Zeitpunkt des Christwerdens verbunden, vorzugsweise und idealtypisch wird beides sogar als ein Vorgang betrachtet.

Nähern wir uns dem Problem einmal von anderer Seite und fragen: Wann werden die Kinder von Christen selbst Christen? Und von welchem Zeitpunkt an gehören sie geistlich zur Gemeinde? Oder lässt sich gar keine Zeit bestimmen, zu der sie noch keine Christen waren?

Biblisch führen uns diese Fragen wieder zu den vier Taufen ganzer Familien. Diesen Texten zufolge haben, wie gesagt, die ersten Christen die Kinder offenbar nicht nur als Individuen, sondern auch als Teil ihrer Familie betrachtet, durch die sie in Glaubensdingen unvermeidbar beeinflusst werden – ebenso wie in anderen Lebensbereichen.

Zweifellos wachsen Kinder von gläubigen Menschen normalerweise von Anfang an im Glauben auf. Wann immer sie zurückschauen, haben sie auch vorher schon mit Gott gelebt. Alles, was zum aktiven Christsein gehört, wie Gottvertrauen, Gebet und die Liebe zu Jesus, erreicht ihr Bewusstsein einerseits erst nach und nach. Andererseits war es, sobald es ihnen bewusst wird, immer schon da. Und noch viel früher treten die Kinder von Christen in den Raum des Glaubens und der christlichen Gemeinschaft ein – genau genommen, sobald es sie gibt. Bereits vor der Geburt sind sie ja zu Hause im Beten, Singen und Vertrauen ihrer Mutter, ihrer Eltern und der Gemeinde.

Der Anfang ihres Glaubensweges liegt somit in den meisten Fällen früh, sehr früh in ihrem Leben. Wenn wir nun hier versuchen, dem biblischen Prinzip zu folgen, dass eine Taufe den Beginn des Christseins markiert, dann können wir durchaus darauf kommen, unsere Kinder jung zu taufen, möglicherweise sogar gleich nach der Geburt. Andererseits drängt uns nichts. Dazu ist die Sache zu unklar.

Wenn wir dagegen die andere biblische Regel im Blick haben, dass die Taufe meistens mit mündigem Glauben verbunden ist, werden wir mit ihr warten und die Kinder selbst darüber entscheiden lassen.

Wir dürfen uns dabei allerdings nicht einbilden, exakt dem biblischen Vorbild zu folgen. Davon sind wir weit, in der Mehrzahl der Fälle sogar Jahre entfernt, denn so lange sind unsere Kinder meistens tatsächlich schon gläubig, bevor sie sich taufen lassen. Solche Spättaufen aber kennt die Bibel nicht.

Wir sollten uns auch nicht dem Irrtum hingeben, dass diese Taufen völlig frei und selbstbestimmt sind, besonders wenn es sich um Jugendliche handelt. Die Erwartung ihrer Eltern und ihrer gemeindlichen Umgebung, auch ihrer christlichen Freunde, zu denen sie gewöhnlich gehören wollen, wird nicht ohne Einfluss auf sie sein. Es würde sie oft sogar sehr viel kosten, sich gegen eine Taufe zu entscheiden. Diese Einsicht sollte die Familie und die Gemeinde veranlassen, ihre eigenen Motive und ihr eigenes Verhalten liebevoll und ehrlich zu prüfen, um größtmögliche Freiheit zu lassen. Der göttliche Vater im Gleichnis Jesu jedenfalls unterstützt seinen Sohn uneingeschränkt auch bei seiner Entscheidung gegen sein Zuhause (Lk 15,12).

Diese Überlegungen können uns davor bewahren, die Taufe eines Teenagers, der christlich aufgewachsen ist, für die einzig richtige, biblische, freie und der geistlichen Entwicklung eines Heranwachsenden angemessene Form der Taufe zu halten. Auch wenn sie ihre Schönheit und ihre großartigen Seiten hat, wie wir noch sehen werden. Das gilt aber auch für die Kindertaufe.

IST DIE KINDERTAUFE BIBLISCHER?

Die Befürworter der Kindertaufe sind früher mit sehr starken Argumenten aufgetreten. Sie haben jahrhundertelang behauptet, dass sich bei der Taufe eines Säuglings all das ereignet, was die Bibel grundsätzlich der Taufe zuschreibt: Durch sie werde das Kind von Sünde befreit, es werde mit dem Heiligen Geist und der Gotteskindschaft beschenkt, in die Gemeinschaft der Kirche aufgenommen und erhalte ein Anrecht auf den Himmel. Ungetaufte unmündige Kinder würden dagegen im Todesfall im sogenannten *limbus infantium*, dem Babysaum zwischen Himmel und Hölle landen. Ganz der Verdammnis preisgeben mochte man sie denn doch nicht.

Aus diesen Vorstellungen wuchs gleichwohl Angst um ungetauft verstorbene Kinder und die Idee der

Nottaufe – lauter Gedanken, die der Bibel fremd sind. Denn den Kindern – mit oder ohne Taufe – gehört nach den Worten von Jesus das Reich Gottes (Mk 10,14). Dann dürfen sie mit Sicherheit auch hinein.

Schauen wir uns einmal das ursprüngliche Argument der Befürworter der Kindertaufe näher an. Es setzt voraus, dass Taufe und Taufwirkung nicht zu trennen sind, eine Taufe also immer sicher und zwingend zum gewünschten Erfolg führt unabhängig vom persönlichen Glauben des Täuflings.

Um das zu prüfen, lassen Sie uns zunächst untersuchen, ob mit den christlichen Taufen, die die Bibel beschreibt, in jedem Fall die umfassenden Wirkungen verbunden sind, die einen Menschen zum Christen machen, oder ob es auch Ausnahmen gibt.

Letzteres ist der Fall: Die schon erwähnte Taufe von Kornelius, seinen Verwandten und Freunden zeigt, dass Taufe und Christwerden getrennt sein können. Denn diese Menschen waren genau genommen bereits Christen, als sie getauft wurden, auch wenn nur eine kurze Zeit dazwischen lag.

Sie hatten jedoch eindeutig schon vor ihrer Taufe den Heiligen Geist empfangen (Apg 10,44-48). Wer aber den Heiligen Geist hat, der gehört zu Jesus und seiner Gemeinde und besitzt alles, was für das Christsein notwendig ist (Röm 8,9; 1. Kor 12,13). Das wiederum heißt: Die Taufe, die später folgte, konnte bei

Kornelius und den Leuten in seinem Haus nicht mit den Wirkungen einhergehen, mit denen die Taufe im Neuen Testament normalerweise verknüpft wird. Eine nachträgliche Taufe kann das nicht wiederholen, sondern nur unterstreichen, anerkennen und sichtbar machen. Sie kann geistlich nichts hinzufügen, was noch zum vollen Christsein fehlen würde.

Das aber bedeutet, dass die inhaltlichen Taufaussagen des Neuen Testaments nicht auf Kornelius und die Menschen bei ihm zutreffen. Sonst wären sie zweimal Christen geworden. Die unabweisbare Konsequenz ist: Die neutestamentlichen Aussagen über die Taufe stimmen nur für den Normal- und Idealfall in der Urgemeinde, bei dem Taufe und Christwerden zeitgleich stattfinden. Inwieweit sie sonst gelten, hängt von den jeweiligen Umständen ab.

Machen wir eine Gegenprobe zu unseren Überlegungen. Welche Folgen hätte es, wenn das, was die Bibel der Taufe grundsätzlich zuschreibt, bei jeder beliebigen Taufe unabhängig von deren Rahmenbedingungen wirksam werden würde? Hier drei Beispiele:

Schon vor Jahrhunderten hat man darüber nachgedacht, ob ein heidnischer Schauspieler, der sich im Rahmen einer Vorführung taufen lässt, unbeabsichtigt, aber faktisch Christ wird. Oder ob Kinder, die sich im Spiel gegenseitig taufen, gültig getauft sind. Beispiele, die uns schmunzeln lassen. Erschütternd und real aber sind die Zwangstaufen, mit denen man Nichtchristen gegen ihren Willen wirksam zu Christen zu machen glaubte. Welch ein Irrweg! Diese Beispiele zeigen: Die Taufe kann nicht bedingungslos wirken, sondern muss in ihren geistlichen Konsequenzen auch von der jeweiligen Situation abhängen.

Wie nun ist die Taufe von kleinen Kindern zu beurteilen? Handelt es sich bei ihr um eine wirkungslose Handlung wie bei einer nur gespielten oder gar erzwungenen Taufe? Oder kann sie doch in vollem Umfang wirksam sein, wenn die Motivation der taufenden Personen stimmt? Und wie verhält es sich, wenn es daran fehlt?

Nehmen wir einmal an, die Taufe eines kleinen Kindes wird vom christlichen Glauben der handelnden Personen begleitet. Wird dieses Kind im Moment seiner Taufe Christ und war es davor noch keiner? Stellen wir uns vor, ein getauftes und ein ungetauftes Kind wachsen gemeinsam in einer christlichen Familie auf. Besteht bei ihnen in geistlicher Hinsicht irgendein Unterschied? Ist Gott dem einen Kind näher, freundlicher gesonnen als dem anderen?

Wenn dies der Fall wäre, sollten wir doch in der Bibel viele oder zur Not wenigstens eine einzige deutliche Mahnung an christliche Eltern finden, ihre Kinder möglichst früh zu taufen. Doch es gibt kein einziges entsprechendes Gebot, auch keine Warnung, nicht den geringsten Hinweis. Das kann nur bedeuten: Die

Taufe eines unmündigen Menschen hat geistlich gesehen keine gravierenden Folgen, ebenso wenig wie der Verzicht darauf.

Das entspricht auch unserer Erfahrung: Wir können bei ungetauften Kindern von Baptisten gegenüber getauften Kindern in den Landeskirchen keine grundsätzlichen geistlichen Defizite feststellen. Denn Kinder in christlichen Familien werden nicht durch die Taufe Christen, sondern durch den Glauben, der sie umgibt und den sie zunächst aufnehmen wie die Muttermilch.

Aus diesen Gründen kann die Kindertaufe nicht mit der im Neuen Testament beschriebenen Taufe gleichgesetzt werden. Die biblischen Taufzusagen sind im Wesentlichen auf eine Taufe von Unmündigen nicht anwendbar.

Das ist heute vielen Befürwortern der Kindertaufe klar. Dennoch versuchen manche, wenigstens einen Rest dessen, was die Bibel der Taufe zuschreibt, mit der Kindertaufe zu verbinden. Beispielsweise vergleichen sie die Unmündigentaufe mit einer Art Scheck, der dem Kind mitgegeben wird, gewissermaßen als verbrieftes Anrecht auf die Segnungen des Christseins. Auch wird sie als Einladung zum Glauben verstanden und als ein Zeichen, das einen Anspruch Gottes deutlich macht.

Was ist davon zu halten? Nun, zunächst einmal muss man sagen, dass diese Deutungen kaum noch etwas mit den neutestamentlichen Aussagen über die Taufe zu tun haben. Deren Inhalt wird so stark verdünnt, dass das Ergebnis schlussendlich auf jeden Menschen zutrifft, getauft oder ungetauft. Jeder ist ja eingeladen, Christ zu werden, auf jeden hat Gott als Schöpfer einen Anspruch, ohne dass er diesen einfordern würde. Und die Taufe als Scheck, als Anrecht braucht man nicht wirklich, abgesehen davon, dass dieses Bild nicht aus der Bibel abzuleiten ist. Denn jeder Mensch, der zu Gott kommt, getauft oder ungetauft, wird sofort liebevoll angenommen. Papiere und Formalitäten sind nicht erforderlich.

Gern wird auch für die Unmündigentaufe ins Feld geführt, dass sie wie keine andere Taufe die bedingungslose Liebe Gottes veranschaulicht, der uns vor jeder eigenen Leistung annimmt. Das ist durchaus wahr und gut. Allerdings hat dieser Gedanke nichts mit den biblischen Aussagen über die Taufe zu tun. Dieser Aspekt ist dort nicht im Blick.

Wir kommen zu dem Ergebnis: Die Kindertaufe lässt sich tatsächlich von den Aussagen des Neuen Testaments über die Taufe her nicht füllen.

Damit will ich nicht sagen, dass die Kindertaufe in christlichen Familien nicht vertretbar ist. Sie kann durchaus ihren tiefen Sinn und ihre eigene Wirkung haben. Das möchte ich gern auch gleich zeigen. Sie macht jedoch die Kinder nicht zu Christen und unterscheidet sich damit fundamental von der normalen biblischen Taufe.

Diese Einsicht kann Befürwortern der Kindertaufe helfen, tolerant gegenüber Christen zu sein, die die Taufe anders handhaben als sie. Dazu gehört gelegentlich auch ein Weg, den manche Kirchen immer noch mehr oder weniger scharf verurteilen: die sogenannte Wiedertaufe. Dennoch gibt es sie. Schauen wir sie uns daher einmal näher an.

WIE STEHT ES MIT DER WIEDERTAUFE?

Manchmal entscheiden sich Jugendliche oder Erwachsene, die als Babys getauft wurden, dafür, sich ein zweites Mal taufen lassen. Dies wurde und wird von vielen Kirchen unter anderem deshalb abgelehnt, weil damit das Handeln Gottes in der ersten Taufe missachtet würde. Ich denke jedoch, dass die Situation aus biblischer Perspektive nicht so klar zu beurteilen ist, weil die Unmündigentaufe eben nicht mit der neutestamentlichen Norm- und Idealtaufe gleichgesetzt werden kann, die ja immer an die Missionssituation geknüpft ist. Auch wurden manche Menschen zwar als Kinder getauft, sind aber tatsächlich ohne Glauben aufgewachsen. Wenn sie sich dann für ein Leben mit Jesus entscheiden, ist der Gedanke nachzuvollziehen, dass sie diesen Schritt gern mit ihrer Taufe unterstreichen wollen. Ihre zweite Taufe kommt ja dem biblischen Vorbild tatsächlich näher als eine aus eher formalen Gründen vollzogene Säuglingstaufe. Sollte Gott eine solche Entscheidung ablehnen und nicht vielmehr Freude an der aufrichtigen Suche nach dem richtigen Weg haben?

Ein anderes Argument gegen die sogenannte Wiedertaufe besteht darin, dass damit die Gültigkeit der Kindertaufe und daher zugleich das Christsein aller als Babys getauften Menschen infrage gestellt oder gar geleugnet werde. Auch dieser Gedanke erscheint mir konstruiert. Denn praktisch niemand, der sich ein zweites Mal taufen lässt, würde sich selbst vor seiner Wiedertaufe als Nichtchrist betrachten, außer in den seltenen Fällen, wenn seine Taufe exakt am Tag der Bekehrung geschieht. Folglich kann er auch schlecht bei anderen diesen Schluss ziehen. Diese Logik setzt zudem voraus, dass die Taufe notwendige Voraussetzung für das Christsein ist. Diese Ansicht lässt sich jedoch nicht durchhalten, sondern führt zu absurden Zwängen und Widersprüchen, wie ich gleich noch ausführlich zeigen will. Hier nur zwei der Konsequenzen: Wir müssten dann zum einen sicherheitshalber exakt definieren, wie eine gültige Taufe durchzuführen ist, und diesen Vorgang so genau überwachen und dokumentieren, dass im Nachhinein nicht der geringste Zweifel entstehen kann. Außerdem müssten wir schlussfolgern, dass ungetaufte Heranwachsende in Baptistengemeinden trotz ihres Glaubens noch keine Christen sein können – um nur zwei der unlösbaren Probleme zu nennen, die mit dieser Annahme entstehen.

Mit solchen Einwänden ist folglich der Wiedertaufe nicht beizukommen. Ich rate jedoch den Menschen, die sich ein zweites Mal taufen lassen möchten, zu prüfen, ob sie nicht doch in der Taufe am Anfang ihres Lebens, an der ja sehr wahrscheinlich auch einige gläubige Menschen beteiligt waren, einen Segen erkennen können, der vielleicht mit dazu beigetragen hat, dass sie schließlich selbst zum Glauben gekommen sind. Wenn sie das sehen können, sind sie in der Lage, ihre Geschichte mit Gott in ihrem Leben sehr viel weiter zurückverfolgen, als sie zunächst gedacht haben, und das kann kostbar sein.

Auch ist zu bedenken, dass in praktisch allen heutigen Fällen die Wiedertaufe nicht mit der biblischen Taufe identisch ist, weil sie eben nicht zeitlich mit der Entscheidung für ein Leben mit Jesus zusammenfällt. Insofern kann sie nicht als notwendig betrachtet werden. Es gibt für sie im Neuen Testament weder ein Vorbild noch eine Vorschrift. Mit anderen Worten: Hier kann Freiheit herrschen.

Dies gilt wiederum auch für die Taufe von Babys und Kleinkindern, die wir jetzt noch einmal anschauen.

REICHTUM UND GRENZEN DER KINDERTAUFE

Zwar stimmt die Taufe von Säuglingen und kleinen Kindern in christlichen Familien auch nicht eins zu eins mit der biblischen Taufe überein, die ja ausnahmslos an dem Tag erfolgt, an dem Menschen Christen werden. Trotzdem hat die frühe Taufe ihre eigene Kraft und Schönheit – ebenso wie die Taufe mündiger Menschen, wenn auch in anderer Weise, wie ich gleich zeigen möchte.

Wenn wir den Reichtum beider Formen der Taufe betrachten, merken wir, dass wir uns bei der Säuglings- und Glaubenstaufe unserer Kinder nicht zwischen gut und schlecht, richtig und falsch zu entscheiden haben, sondern zwischen zwei sehr guten Wegen wählen dürfen. Tatsächlich haben wir im Lichte der biblischen Aussagen die Freiheit, entweder mit Freude und Überzeugung schon kleinste Kinder zu taufen oder aber mit gleicher fröhlicher Gewissheit mit der Taufe der Kinder zu warten und sie später selbst das Ob, Wann und Wie bestimmen zu lassen.

Schauen wir uns zuerst noch einmal die Taufe von Säuglingen und kleinen Kindern in christlichen Familien an. Wie wir gesehen haben, folgt sie annäherungsweise dem biblischen Prinzip, dass die Taufe am Beginn des Christseins steht. Dieser Anfang ist bei ihnen, wie wir schon gesehen haben, kein Moment, sondern ein allmählicher Prozess, der bereits vor ihrer Geburt beginnt, wenn sie am Singen, Beten und Glauben ihrer Mutter teilhaben.

Weil Kinder aber langsam in den Glauben hineinwachsen, kann ihre Taufe die Fülle des Christseins nicht vermitteln, sondern lediglich abbilden. Dabei ist sie ein Zeichen sowohl für das, was schon geschehen ist, als auch für das, was wir noch erhoffen und von Gott erbitten, ohne dass wir genau erklären können und müssen, was schon da ist und was möglicherweise noch in der Zukunft liegt. Das weiß Gott allein und das genügt.

Dass die Taufe auch in der Bibel in erster Linie ein Zeichen sein kann, haben wir im Fall von Kornelius und den Menschen bei ihm gesehen. Sie waren bereits Christen, wurden aber dennoch nachträglich wie die jüdischen Neubekehrten getauft. Dabei spielte sicher unter anderem die Absicht eine Rolle, ihnen und auch der damals noch überwiegend judenchristlichen Gemeinde zu zeigen, dass diese Nichtjuden ohne Einschränkung zum Leib Christi gehörten und keine Christen zweiter Klasse waren.

Wir sehen hier, dass die Taufe schon in der Urgemeinde an unterschiedliche Situationen flexibel angepasst werden konnte. Entsprechend dem Grundsatz Jesu »Der Schabbat ist für den Menschen gemacht und nicht der Mensch für den Schabbat« (Mk 2,27) sind die ersten Christen bei der Taufe dem Prinzip gefolgt: Die Taufe ist für den Menschen gemacht und nicht der Mensch für die Taufe.

Das gibt auch uns Freiheit, die Taufe in unserer persönlichen Situation flexibel zu gestalten. Dabei kann sie durchaus neue Schwerpunkte und Aspekte gewinnen, die in der Bibel noch nicht oder nur am Rand erwähnt werden. So kann die Taufe von kleinen Kindern, wie schon gezeigt, die Gnade Gottes veranschaulichen, die unserer eigenen Antwort immer vorausgeht. Er sagt zu uns: »Ich habe dich schon immer geliebt, darum habe ich dich zu mir gezogen aus lauter Güte« (Jer 31,3). Wie gut macht die Taufe eines kleinen Kindes das deutlich! Welche Geborgenheit kann sie im Rückblick vermitteln und zeigen: Ich bin von Anfang an von Gott geliebt, ich gehöre von klein auf zu den Schwestern und Brüdern Jesu, zu seiner Gemeinde und durfte im Raum des Glaubens, der Vergebung und des Segens groß werden.

Natürlich gilt das genauso für ein christliches Kind, das nicht getauft wurde. Eine Segnung kann ihm ebenfalls zum starken Zeichen für diese Wahrheiten werden. Aber die Taufe scheint mir in dieser Hinsicht klarer zu sprechen.

Dazu treten bei der Kindertaufe – und gleichermaßen bei einer Kindersegnung – wichtige andere Aspekte: Wir bestaunen und feiern das Wunder des Lebens und danken Gott dafür. Wir begrüßen einen kleinen Menschen in der Welt. Wir vertrauen ihn seinem Schöpfer an. Wir beten, dass das Kind in einen eigenen, lebendigen Glauben hineinwächst. Wir bekennen unseren Glauben und machen uns unsere Verantwortung bewusst, dieses Kind durch unser Vorbild und unsere Worte zu Vertrauen, Liebe und Hoffnung zu erziehen. Wir bitten auch andere Menschen, besonders die Patinnen und Paten, die Kinder mit ihrem Gebet, ihrer Freundschaft, ihrem Beispiel und ihrem Glauben zu begleiten. Sie sind Zusatz-Eltern – das Wort Pate kommt aus dem Lateinischen und bedeutet »Vater« –, die berufen sind, den Täufling und seine Familie zu unterstützen. Wir finden dieses Amt zwar noch nicht in der Bibel, aber es ist trotzdem eine gute Idee. Entstanden ist es aus dem frühkirchlichen Dienst der Taufzeugen, die den Täufling als Mentoren begleitet haben und seine Taufe bestätigen konnten – es ja gab noch keine Kirchenbücher.

Insgesamt stellt die Taufe – und das gilt gleichermaßen für die Kindersegnung – aus vielfältigen Gründen ein bedeutungsvolles Ereignis im Leben eines Kindes, seiner Familie und der Gemeinde dar. Deshalb gestalten wir sie auch so gern als schönes Fest, bei dem wir mit Kreativität unsere Liebe, unsere Dankbarkeit, unsere Gebete und unsere guten Wünsche zum Ausdruck bringen und uns an reich gedeckter Tafel am Leben freuen. Manche Bilder und Worte, der Taufvers, die Taufkerze und schriftlich festgehaltene Segenswünsche, können ein Kind beim Aufwachsen und sogar lebenslang begleiten. So geht es mir selbst mit meinem Taufwort: »Friede sei mit euch« (Joh 20,19).

Allen kann dabei neu bewusst werden, dass die aufmerksame und liebevolle Begleitung der Kinder eine zentrale Aufgabe nicht nur für die Familie, sondern für die gesamte Gemeinde ist und die Familien das Verständnis und die Unterstützung der Gemeinschaft benötigen.

Und dann ist da noch ein weiterer wichtiger Punkt, der jede Taufe – wie auch jede Segnung – betrifft.

FENSTER ZUM HIMMEL

Nicht nur wir Menschen können die Taufe über die biblischen Texte hinaus inhaltlich weiter füllen. Auch Gott kann es, kreativ, wie er ist. Er lässt sich in seinem Handeln nicht durch Bibelworte begrenzen, sondern orientiert sich schöpferisch an der Liebe und am Menschen. Er kann schon an unseren kleinen Kindern auf persönliche Weise handeln, ihnen seine Nähe zeigen, sie bereits am Anfang ihres Lebens mit Freude beschenken wie den kleinen Johannes im Leib seiner Mutter (Lk 1,41), ja er kann sie schon dort mit seinem Geist erfüllen (Lk 1,15) und dazu befähigen, ein Segen für andere Menschen zu sein (Jer 1,5). Wir sollten nie gering von kleinen Kindern denken. In ihrer Empfänglichkeit, ihrem Urvertrauen, ihrer Ehrlichkeit und dem Bewusstsein ihrer Bedürftigkeit sind sie dem Reich Gottes näher als viele Erwachsene. Deshalb stellt Jesus sie als Vorbilder in die Mitte und fordert die Großen auf, von ihnen zu lernen (Mt 18,1-4; Mk 10,13-16).

Sehr viel dürfen wir für unsere Kinder glauben und von Gott erbitten. Und sie ihm in der Taufe oder bei einer Segnung anbefehlen. Wie gut auch, wenn wir das nicht nur bei diesen Anlässen tun, sondern immer wieder. Einer meiner Paten sagte mir einmal, als ich schon lange erwachsen war: »Ich habe an jedem Tag seit deiner Taufe für dich gebetet.« Das hat mich sehr berührt.

Und nicht nur für Kinder kann die Taufe – oder Segnung – Fenster zum Himmel sein, sondern auch für Teenager und Menschen jeden Alters, auch wenn sie schon jahrelang gläubig waren. Gott kann ihnen hier eine neue Erfahrung seiner Gegenwart und Güte schenken. Sie können sich wie Jesus bei seiner Taufe von Neuem gewiss werden, dass sie Gottes geliebte Kinder sind. Auch können sie wie er einmal mehr vom Heiligen Geist berührt werden (Mt 3,21-22). Damit können eine Stärkung und Ermutigung einhergehen. Auch eine Reifung des Charakters kann Gott schenken. In der Bibel wird sie unter anderem als Frucht des Heiligen Geistes bezeichnet, verbunden mit Liebe, Freude, Friede, Geduld, Freundlichkeit, Güte, Vertrauen, Treue, Sanftmut und Selbstbeherrschung (Gal 5,22). Und die Aufzählung von Paulus lässt sich fortsetzen mit Humor, Fleiß, Hilfsbereitschaft, Mut, Gelassenheit, Mitgefühl und vielen anderen Eigenschaften – Gottes Geschenke haben kein Ende. Das gilt auch für die Begabungen, die er Menschen nicht nur, aber eben auch bei der Taufe mitgeben kann wie Weisheit, Einsicht, Eingebungen, wirksames Gebet,

Organisation, Leitung, Kunst, Musik und vielfältige praktische Fähigkeiten (vgl. 1. Kor 12,4-11).

Natürlich kann Gott all diese Dinge auch unabhängig von der Taufe oder einem Segensgebet schenken. Aber eben gerade auch hier, wenn viele Menschen in einem Gottesdienst ihre Liebe, ihr Gebet und ihre guten Wünsche auf einen einzigen kleinen oder großen Menschen richten, dürfen wir damit rechnen. Das ist ein besonderer Moment mit starker geistlicher Kraft – ein offenes Fenster zum Himmel. Davon bin ich überzeugt.

So viel zu den wunderbaren Segnungen der Taufe. Nun aber zu einer anderen Frage, die manchen Leserinnen und Lesern sicher schon länger unter den Nägeln brennt, nämlich der nach der richtigen Form der Taufe.

UNTERTAUCHEN ODER ÜBERGIESSEN?

Auf diese Frage werden manche Menschen, die ausschließlich die Glaubenstaufe für vertretbar halten, schon gewartet haben. Weil einige von ihnen der Auffassung sind, dass nur die Taufe durch Untertauchen biblisch korrekt ist und bei kleinen Kindern nicht angewendet werden kann. Da aber irren sie: In den östlichen Kirchen werden die Säuglinge mancherorts sogar gleich dreimal untergetaucht!

Schauen wir also besser in die Bibel. Der Begriff, der dort für das Taufen verwendet wird, *baptizein*, bedeutet ursprünglich tatsächlich »untertauchen«. Allerdings war er schon zur Zeit der Abfassung des Neuen Testaments eine feststehende religiöse Bezeichnung für das Taufen und andere rituelle Waschungen. Er kommt hier sogar ausschließlich in diesem Sinne vor. Um das profane, nichtreligiöse Eintauchen einer Sache oder eines Körperteils zu beschreiben, wird das verwandte Wort *baptein* gebraucht. Man kann deshalb vom Begriff *baptizein* in den meisten Texten nicht sicher sagen, ob er im ursprünglichen Wortsinn gemeint ist oder ob er auch im übertragenen Sinn andere Formen der Taufe einschließen kann, ähnlich wie unser Wort »Taufe« von »tiefmachen« abgeleitet ist, aber trotzdem unterschiedlichste Formen der Taufe bezeichnet.

Wir müssen also nach weiteren Anhaltspunkten forschen. Bei dieser Suche kommen wir zu dem überraschenden Ergebnis, dass es fast keine gibt. Einen immerhin finden wir bei Paulus, der in Römer 6,3-4 die Taufe als Begräbnis und Auferweckung deutet. Hier liegt der Gedanke nahe, dass er dabei ein Untertauchen vor Augen hat. Auch bei den Worten Jesu in Johannes 3 über die Wiedergeburt wird man eher an eine Taufe durch Untertauchen denken als durch Übergießen, wobei allerdings äußerst fraglich ist, ob es hier überhaupt um die Taufe geht. Wir werden das gleich noch untersuchen. Bei praktisch allen anderen biblischen Aussagen zur Taufe bleibt die konkrete Durchführung offen.

Dass es in der Urgemeinde auch eine Taufe durch Übergießen gab, legen vor allem zwei Beobachtungen nahe. Zum einen dürfte es schwierig gewesen sein, das Prinzip der sofortigen Taufe bei der Bekehrung durchzuhalten, wenn man in jedem Fall den Täufling untertauchen musste. Denn nicht überall war ein entsprechendes Becken oder Gewässer verfügbar. Denken wir nur an die 3.000 Personen, die am Pfingsttag in Jerusalem Christen wurden (Apg 2,41). Die Taufe einer so großen Zahl von Menschen in einer kleinen Gemeinde an einem einzigen Tag ist kaum in der Form des Untertauchens vorstellbar.

Noch wichtiger als diese praktischen Probleme aber ist die Beobachtung, dass die Geistestaufe, also das innere geistliche Geschehen, das durch die Taufe mit Wasser unter anderem abgebildet wird, in Apostelgeschichte 1,5-8; 2,17 und 10,45 als Übergießen mit Heiligem Geist oder Herabkommen des Geistes auf Menschen beschrieben wird. Dies spricht stark dafür, dass die ersten Christen auch eine Wassertaufe in dieser Form kannten. Sie lehnt sich vermutlich an die alttestamentliche Praxis an, Priester und Könige bei der Einsetzung in ihr Amt mit heiligem Öl zu salben (2. Mo 29,7; 1. Sam 16,13), das heißt mit wohlriechendem Parfum zu übergießen. Das Öl symbolisierte dabei den Heiligen Geist, der einen Menschen für seine Aufgabe ausrüsten und bevollmächtigen sollte.

In Joel 3,1 wird dann die Ausgießung des Heiligen Geistes dem ganzen Gottesvolk zugesagt. Diese Ankündigung nimmt Petrus in seiner Pfingstpredigt in Apostelgeschichte 2,16-17 auf und sieht sie am Pfingstfest erfüllt: »Heute geschieht, was durch den Propheten Joel gesagt ist: In den letzten Tagen will ich von meinem Geist auf alle Menschen ausgießen.«

Hier verbinden sich die beiden Segenshandlungen, Salbung und Taufe, zu einer einzigen. An die Stelle des Öls tritt dabei das Wasser als Bild für den Heiligen Geist (vgl. Joh 7,38-39), der über einen Menschen ausgegossen wird. Angesichts dieser Zusammenhänge liegt der Gedanke überaus nahe, dass auch in dieser Weise getauft werden konnte.

Ohne Zweifel korrespondieren daneben noch manche anderen biblischen Motive mit einer Taufe durch Übergießen. Zum Beispiel entspricht sie der Zusage, dass die grenzenlose Güte und reichen Gaben Gottes wie ein Strom auf uns herabfließen (Ps 36,9) und dass der Leben spendende Regen über uns kommt, der die Wüste blühen lässt (5. Mo 11,14).

Auch diese Verheißungen passen hervorragend zur Taufe in der Form des Übergießens. Deshalb ist sie nicht weniger biblisch und aussagekräftig als die Taufe durch Untertauchen.

All diese Beobachtungen und auch die Tatsache, dass wir keine eindeutige Beschreibung oder Anweisung hinsichtlich der Taufform haben, können und müssen uns davon abhalten, engere Vorschriften zu machen als das Neue Testament. Im Gegenteil: Ist es nicht sehr zu begrüßen, dass die Bibel uns nicht nur bezüglich des Zeitpunkts, sondern auch der Form die Freiheit lässt, die Taufe an verschiedene individuelle Situationen anzupassen? Denken wir nur an ältere oder körperlich behinderte Menschen, für die eine

Taufe durch Untertauchen ein echtes Problem sein kann.

Zuletzt: Auch die verbreitete Form der Taufe durch rückwärtiges Untertauchen ist in der Bibel nirgends belegt. Ebenso möglich ist ein Untertauchen in die Hocke, wobei der Taufende dem Täufling segnend die Hand auf den Kopf oder die Schulter legen kann. Zu sehen ist diese ansprechende Vorgehensweise bei der Darstellung der Taufe Jesu in der Verfilmung des Lukasevangeliums im Rahmen des Genesis-Projektes.

Angesichts der großen Freiheit, die die Bibel uns bei der Taufe lässt, stellt sich die Frage, warum manche Kirchen sie jahrhundertelang mit so vielen Vorschriften verbunden und teilweise sogar zur notwendigen Voraussetzung für die Erlösung erklärt haben.

WARUM HAT MAN DIE ERLÖSUNG AN DIE TAUFE GEBUNDEN?

Ich sehe dafür zwei Hauptgründe. Der eine ist, dass viele Menschen nach verlässlichen und greifbaren Sicherheiten suchen, wenn es um die Frage geht, wie sie die Ewigkeit verbringen werden. Da bietet sich eine so einfache Zeremonie wie die Taufe als Garantie an. Das Ganze funktioniert allerdings nur, wenn man keine kritischen Fragen stellt. Die aber können schnell auftauchen. Wenn wir nämlich als kleine Kinder getauft wurden, können wir uns nicht daran erinnern. Wie wollen wir sicher sein, dass unsere Taufe tatsächlich stattgefunden hat und auch gültig durchgeführt wurde – mit den richtigen Worten und ausreichend Wasser? Letztendlich sind wir auf die Zuverlässigkeit anderer Menschen angewiesen. Die aber können Fehler machen, irren oder betrügen. Sogar die eigene Erinnerung kann täuschen. Schlecht, wenn das ewige Schicksal davon abhängt.

Schon aus diesen Gründen entlastet es sehr, dass die Bibel nirgendwo dazu auffordert, den Glauben auf die Taufe zu richten, sondern allein auf Gott, auf Jesus.

Eine zweite Ursache für die Lehre der Heilsnotwendigkeit der Taufe ist ein Missverständnis einiger biblischer Aussagen. Tatsächlich wird, wie wir gesehen haben, der Taufe in mehreren Texten des Neuen Testaments rettende Wirkung zugeschrieben. Und zwar aus dem wiederholt genannten Grund, dass die Taufe bei den ersten Christen Teil der Evangelisation war und am Beginn des Christseins stand. Sobald sie jedoch von diesem Moment gelöst wurde, konnte sie keine Erlösung mehr vermitteln. Wir haben das am Beispiel von Kornelius und seinen Leuten in Apostelgeschichte 10 gesehen, die bereits Christen waren, bevor sie getauft wurden.

Diese besonderen Rahmenbedingungen der neutestamentlichen Taufe hat man schlichtweg außer Acht gelassen und die auf den Bekehrungsfall beschränkte rettende Wirkung zur unbedingten Folge erweitert, die immer und überall zwingend zu erwarten ist, wenn ein Mensch getauft wird. Und mehr noch, man hat die Taufe für unverzichtbar erklärt: Ohne sie könne es keine Erlösung geben. Das ist in etwa so, als wenn man bei einem Medikament, welches in bestimmten Situationen hilft, grundsätzliche Heilung in jedem beliebigen Fall versprechen und darüber hinaus eine Besserung ohne dieses Mittel für unmöglich erklären würde. Beides hat man im Fall der Taufe gemacht. Diese Deutungen finden sich jedoch nicht in der Bibel.

Wenn sie zuträfen, müsste das klar zum Ausdruck gebracht werden. Es sollten dann Weisungen oder Warnungen existieren, darauf zu achten, dass alle Menschen gültig getauft sind. Solche Aussagen wären unbedingt zu erwarten, wenn man nicht ohne Taufe in den Himmel kommen könnte.

Nur eine Ausnahme scheint es in dieser Hinsicht zu geben. Es handelt sich dabei um einen Satz von Jesus, den man auf den ersten, flüchtigen Blick so verstehen könnte. Diese Bibelstelle müssen wir deshalb genauer untersuchen.

BEZEICHNET JESUS DIE TAUFE ALS HEILSNOTWENDIG?

In Johannes 3,5 sagt Jesus zum Schriftgelehrten Nikodemus: »Ich versichere dir, wenn jemand nicht aus Wasser und Geist geboren wird, kann er nicht ins Reich Gottes gelangen.«

Wovon spricht Jesus hier? Auf jeden Fall von einer Erneuerung durch den Heiligen Geist, die notwendige Voraussetzung für den Zugang zur Welt Gottes ist. Was aber meint er in diesem Zusammenhang mit dem Begriff »Wasser« ? Die Taufe? Will er tatsächlich sagen, dass sie für die Erlösung unverzichtbar ist?

Für sich genommen könnte man den Satz so deuten. Und das ist auch oft geschehen. Den Begriff »Wasser« hat man als »Taufwasser« verstanden und das Wort

»Geist« als Ausdruck für Gottes Wirken. Damit würde Jesus die Taufe zur notwendigen Bedingung für den Zugang zum Himmel erklären.

Sosehr das bei oberflächlicher Betrachtung einleuchten mag, stellen sich doch sofort einige Fragen. Zum Beispiel: Warum findet sich keine andere Bibelstelle, die eine dermaßen folgenreiche Wahrheit bestätigt? Wenn die Taufe wirklich unverzichtbar für die Rettung wäre, sollte die Bibel dies doch öfter sagen als nur einmal und das in derart unklarer Form – zudem in einem Abschnitt, in welchem sonst nirgendwo von Taufe die Rede ist.

Außerdem ist kaum zu verstehen, warum das Johannesevangelium, wenn es als einziges biblisches Buch die Heilsnotwendigkeit der Taufe vertreten sollte, im Gegensatz zu den anderen Evangelien weder ein Wort über die Taufe Jesu noch über die christliche Taufe verliert. Stattdessen erwähnt es in Kapitel 4, wiederum als einziges Evangelium, eine frühe Taufpraxis der Jünger Jesu am Beginn von dessen Wirksamkeit – wobei Jesus dort nicht selbst getauft hat, sondern nur seine Schüler. Diese anfängliche Taufe war wohl an die Taufe von Johannes dem Täufer angelehnt, bei der es vor allem um Reue und Umkehr ging. Sie geschah jedenfalls noch nicht im Namen Jesu oder des dreieinen Gottes, war also noch keine christliche Taufe. Auch gab Jesus sie bald auf, als sich die Meinung verbreitete, er sei erfolgreicher als Johannes der Täufer. Er wollte ihm nicht den Rang ablaufen. Folglich unterstreicht diese Episode eher die Rücksicht und Bescheidenheit Jesu als die Wichtigkeit der Taufe.

Nähern wir uns dem Problem einmal von anderer Seite und überlegen, ob die Worte »Wasser und Geist« in Johannes 3,5 auch anders verstanden werden können. Eine solche Alternative besteht in der Tat. Wir kennen sie von einer ähnlichen Formulierung, die wir bei Johannes dem Täufer finden. Er kündigt das Kommen des Messias mit den Worten an: »Ich taufe euch mit Wasser zur Umkehr, aber der nach mir kommt, ist stärker als ich ... er wird euch mit dem Heiligen Geist und mit Feuer taufen« (Mt 3,11). Wie verstehen wir hier den Begriff »Feuer«? Doch nicht als zweites Element neben dem Heiligen Geist, sondern als Beschreibung des Geistes mit einem anderen Wort und als zeichenhafte Darstellung. So wie wir, wenn wir sagen, dass wir etwas mit Herz und Liebe tun, damit nicht zwei verschiedene Dinge meinen, sondern mit dem Bild des Herzens das Wesen und die Intensität unserer Liebe veranschaulichen und unterstreichen wollen. Entsprechend ist, soweit ich weiß, noch niemand aufgrund der Aussage von Johannes dem Täufer auf den Gedanken gekommen, eine Taufe mit echtem Feuer einzuführen. Nein, das Feuer ist hier zweifellos Bild für den Heiligen Geist, das etwas von seinem Wesen veranschaulichen soll. Und in Apostelgeschichte 2,3 erscheint der Heilige Geist tatsächlich in dieser Gestalt.

In gleicher Weise können, ja müssen wir in Johannes 3,5 das Wasser als Bild für den Heiligen Geist verstehen. Und genau dies tut das Johannesevangelium auch in seinem weiteren Verlauf. Gleich im nächsten Kapitel spricht Jesus von einem Wasser, das im Menschen zu einer nie versiegenden Quelle wird (4,14). Und in Kapitel 7,38-39 erklärt der Evangelist ausdrücklich, dass Jesus hiermit den Heiligen Geist meint: »Wer an mich glaubt, wie die Schrift sagt, von dessen Leib werden Ströme lebendigen Wassers fließen. Das sagte er aber von dem Geist, den die empfangen sollten, die an ihn glaubten.«

In diesem Zusammenhang ist Johannes 3,5 folglich so zu verstehen: Niemand kann die Wirklichkeit des Reiches Gottes erleben, wenn er nicht eine grundlegende Erneuerung durch den Heiligen Geist erfährt, das göttliche Lebenswasser, das in ihm zu einer Quelle wird, die in das ewige Leben quillt.

Diese Deutung der Worte »Wasser« und »Geist« in Kapitel 3,5 fügt sich nahtlos ins Johannesevangelium und das gesamte Neue Testament. Ansonsten würde hier eine Lehre begründet, die sich sonst nirgends in der Bibel findet.

An dieser Stelle möchte ich kurz einen Zwischengedanken einschieben, der ein wenig von unserem Taufthema wegführt, aber doch manche beschäftigen wird, nämlich: Was geschieht mit den Menschen, die zu Lebzeiten keinen Zugang zu dieser geistlichen

Erneuerung gefunden haben? Bleibt ihnen die neue Welt Gottes für immer verschlossen? So könnte man die Worte Jesu ja zunächst verstehen. Dabei setzen wir allerdings voraus, dass es nicht auch nach dem Tod noch die Möglichkeit einer Veränderung durch Gottes Gnade gibt. Das aber können wir nicht ausschließen. Im Gegenteil, wir haben gute Gründe zur gegenteiligen Annahme. Denn Gott will, »dass alle Menschen gerettet werden und zur Erkenntnis der Wahrheit kommen« (1. Tim 2,4), und hat nach Überzeugung von Paulus »alle Menschen in den Ungehorsam eingeschlossen, um sich aller zu erbarmen« (Röm 11,32), sodass am Ziel alle Menschen bekennen werden, dass Jesus der Herr ist (Phil 2,10-11). Darauf dürfen wir hoffen und dafür dürfen wir beten. Ich meine, dass uns die Liebe, die wir von Jesus lernen, in diese Richtung führt, auch wenn manche andere Bibelstelle auf den ersten Blick und für sich genommen etwas anderes zu sagen scheint.

Nun aber zurück zur Taufe. Es gibt noch weitere Argumente, die dagegensprechen, dass nur getaufte Menschen in den Himmel kommen. Zum Beispiel, dass Paulus an die Gemeinde in Korinth schreibt: »Ich danke Gott, dass ich niemanden unter euch getauft habe außer Krispus und Gajus, damit nicht jemand sagen kann, ihr wärt auf meinen Namen getauft« (1. Kor 1,14-15). Wenn er die Taufe für zwingend notwendig für die Erlösung halten würde, dann könnte er nicht so reden und handeln. Er würde vielmehr versuchen, so viele Menschen wie möglich zu taufen.

Die Einheit der Gemeinde ist ihm jedoch wichtiger als die Taufe. Dann aber kann er sie unmöglich als Eintrittsbedingung für das Reich Gottes betrachten.

Und noch eine andere Beobachtung widerspricht der grundsätzlichen Notwendigkeit der Taufe: Wir haben allen Anlass zu vermuten, dass die Menschen, die Jesus schon vor seinem Tod gefolgt waren, darunter seine Mutter Maria, nie christlich getauft wurden. Dies aus dem einfachen Grund, weil es die christliche Taufe erst seit Pfingsten gibt, wo diese Personen bereits zur Gemeinde gehörten und nicht als Täuflinge, sondern als Taufende auftraten. Auch hätte es dem neutestamentlichen Prinzip widersprochen, dass die Taufe immer den Beginn des Weges mit Jesus markiert. Der aber lag bei diesen Menschen schon weit zurück. In ihrem Fall war offensichtlich keine christliche Taufe erforderlich. Sollten nun nach Jesu Abschied andere, sogar engere Zugangsbedingungen für den Himmel gelten als vorher? Das würde nicht zu Jesus passen.

DAS HERZ DER TAUFE

Lassen Sie uns zuletzt das Herz der Taufe in den Blick nehmen, das, worum es Jesus und den ersten Christen bei dieser Handlung im Kern geht. Zunächst einmal ist das eine Reinigung und Befreiung von allem, was das Leben belastet. Dann ist es eine Neugeburt, eine Verwandlung in einen heiligen, mit ewigem Leben beschenkten Menschen. Darüber hinaus ist die Taufe verbunden mit einer Bevollmächtigung und Weihe zu einem königlichen und priesterlichen Leben als Sohn, als Tochter Gottes.

All das sind bereits überwältigende Geschenke. Aber sie sind keineswegs alles, nicht einmal das Wesentliche! Wenn wir uns die Formulierungen des Neuen Testaments rund um die Taufe genau anschauen, erkennen wir, dass es dabei um etwas noch viel Größeres geht. Nämlich um eine Beziehung – eine unbeschreiblich wichtige, reiche und beglückende Beziehung – zu Gott selbst! Diese Tatsache wird nicht nur in vielen Aussagen der Bibel zur Taufe deutlich, sondern auch in den Taufformeln, den Worten, die bei der Taufhandlung selbst verwendet werden.

Wobei wir diese interessanterweise nur zum Teil erschließen können. Nirgendwo steht, was wir genau bei einer Taufe sagen sollen, also zum Beispiel »Ich taufe dich …« oder »Du wirst getauft …« oder »Sei getauft …«. Und auch die Worte, die dann folgen, wie »… im Namen Jesu«, »… in den Namen des Vaters, des Sohnes und des Heiligen Geistes« oder »… auf den Namen Jesu Christi« unterscheiden sich im Neuen Testament von Text zu Text. Sie variieren in ähnlicher Weise, wie sich moderne Trauversprechen unterscheiden.

Daran wird deutlich: Das Herz der Taufe lässt sich nicht mit wenigen Worten einfangen, nicht auf eine Formel bringen. Es ist zu groß, zu lebendig – wie es eben einer echten Beziehung entspricht. Und die Wirksamkeit der Taufe hängt nicht an den richtigen Worten, ebenso wenig wie die Gültigkeit einer Ehe an ein bestimmtes Trauversprechen gebunden ist. Die unterschiedlichen Ausdrucksweisen betonen vielmehr den Reichtum der Aspekte und Facetten der Beziehung, die das Christsein ausmacht.

Aber alle Taufformeln haben auch Gemeinsamkeiten. Ohne Ausnahme sprechen sie erstens von dem Menschen, der getauft wird. Damit ist die eine Seite der

Beziehung benannt. Zum anderen reden sie von Jesus oder auch vom Vater und vom Heiligen Geist. Damit ist die andere Seite der Verbindung bezeichnet, um die es bei der Taufe geht. Und drittens nennen sie entweder den Grund oder das Ziel der Taufe. Schauen wir es uns einmal genauer an.

Die bekannteste Formulierung ist wohl die in Matthäus 28,19, welche allerdings in der Lutherübersetzung etwas frei wiedergeben wird. Wörtlich sagt Jesus hier zu den Menschen, die ihn begleiten: »Geht nun hin und macht alle Völker zu Lernenden, indem ihr sie *in den* Namen des Vaters und des Sohnes und des Heiligen Geistes *hinein*tauft.«

Jesus spricht hier von den drei Dimensionen Gottes, den drei Personen, die in ihm untrennbar verbunden sind und in deren Weise er sich uns offenbart: Er begegnet uns erstens als Vater und Urgrund allen Seins, zweitens als Gottessohn und Mensch in Jesus und drittens als unsichtbare, liebende göttliche Gegenwart im Heiligen Geist. Dabei können sich all diese menschlichen Begriffe und Vorstellungen dem Geheimnis Gottes natürlich nur annähern und es nie ganz erfassen. Wie sollten wir Menschen dazu auch in der Lage sein? Aber doch steht dahinter und darüber die Wirklichkeit Gottes, der nicht weniger, sondern unbeschreiblich größer ist, als alle Worte es sagen können. Und um diesen wirklichen, wahren Gott und die Lebensverbindung mit ihm geht es beim Christsein und auch bei der Taufe. Sie veranschaulicht diese Beziehung und bewirkt sie in besonderen Fällen sogar, wenn sie nämlich in dem Moment vollzogen wird, in dem Menschen Christen werden.

Das wird auch in den Taufformeln des Neuen Testaments deutlich. Hier begegnen uns wie gesagt drei verschiedene Formulierungen, nämlich taufen »auf den Namen« (Apg 2,38; 10,4), »in dem Namen« (Apg 10,48) und – am häufigsten – »in den Namen hinein« (Apg 8,16; 19,5; Röm 6,3; 1. Kor 1,13; Gal 3,27). Zwar lassen sich diese drei Ausdrucksweisen, soweit ich es sehen kann, in ihrer jeweiligen Bedeutung nicht exakt bestimmen und auch nicht scharf gegeneinander abgrenzen. Ihre Grundaussagen sind jedoch klar. Sie bringen zunächst zum Ausdruck, dass bei der Taufe der Name Jesu beziehungsweise des dreieinen Gottes genannt und angerufen wird. Weiter weisen sie darauf hin, dass die Taufe auf Weisung Jesu geschieht und dass dabei mit seinem Wirken gerechnet wird. Darüber hinaus machen sie deutlich, dass mit der Taufe ein Mensch sein Leben Jesus anvertraut und übereignet.

Aber das ist wiederum bei Weitem nicht alles, noch nicht einmal das Entscheidende. Worum es bei der Taufe im Letzten geht, das bringt die häufigste Taufformel am klarsten zum Ausdruck: das Taufen »*in* den Namen Jesu« beziehungsweise Gottes »*hinein*«. Damit wird etwas gesagt, das weit über alles andere hinausgeht. Dazu muss man wissen, dass der Name Jesu beziehungsweise Gottes in der Bibel nicht nur ein Wort ist. Hier steht er vielmehr in der Regel für Jesus, für Gott selbst, für seine unmittelbare Gegenwart und Wirklichkeit. Wo sein Name wohnt, da wohnt er selbst (Jes 18,7). Den Namen Jesu anrufen heißt, Jesus anrufen (1. Kor 1,2). An seinen Namen glauben heißt an ihn glauben (1. Joh 3,23). Das ist biblische Redeweise – für uns etwas ungewohnt.

Dass auch in der Taufformel mit dem Namen die Person gemeint ist, zeigt sich unter anderem daran, dass der Begriff »Name« in ihr entfallen und direkt vom Taufen »in Christus Jesus hinein« gesprochen werden kann wie in Römer 6,3 und Galater 3,27.

Hineingetauft werden in den Namen des Vaters, des Sohnes und des Heiligen Geistes bedeutet daher wörtlich und tatsächlich: eingetaucht werden, hineingesenkt werden in die Wirklichkeit Gottes, der uns geschaffen hat, der in Jesus Mensch geworden ist und der als liebende, heilende Gegenwart immer bei uns ist.

Besonders eindrücklich dargestellt wird diese Wahrheit durch die Taufe in der Form des Untertauchens. So wie das Wasser uns völlig umschließt und überall sanft berührt, umgibt uns Gott zart von allen Seiten (Ps 139,5). Zugleich werden wir gereinigt und erfrischt. Und so wie unter Wasser alle Geräusche gedämpft sind und wir schwerelos werden, so kommen wir in Gottes Gegenwart zur Ruhe und werden federleicht (Jes 40,31). Ja, noch mehr zeigt die Taufe durch Untertauchen: Sie erinnert uns an die Zeit, in der wir im Leib unserer Mutter von Wasser umgeben und getragen waren und dann von ihr geboren wurden (Ps 139,13). In geistlicher Weise erleben wir das Gleiche auch mit Gott (Joh 1,13).

Wenn ich Menschen durch Untertauchen taufe, lasse ich sie – nach Absprache – gern einige Augenblicke unter Wasser verweilen, damit sie diesen besonderen Moment intensiv erleben, auskosten und sich einprägen können. Was für ein ausdrucksstarkes, vieldimensionales Bild ist gerade diese Form der Taufe.

Dass wir mit unseren Überlegungen richtigliegen, können wir unter anderem in Römer 6 sehen. Hier erklärt Paulus, dass wir bei der Taufe in Jesu Tod und Auferstehung hineingetaucht worden sind, das heißt mit Jesus und seinem Schicksal verschmolzen wurden. Paulus hat hier also wirklich eine Vereinigung im Blick. Das wird auch durch ein anderes Bild bestätigt, das er in Galater 3,27 für die Taufe verwendet. Wie bereits erwähnt, vergleicht er dort die Verbindung mit Jesus, die bei der Taufe entsteht, mit dem Anziehen eines neuen Gewandes, das den Getauften fortan umgibt und prägt. Bei der Taufe werden Menschen also gewissermaßen mit Christus bekleidet und von ihm umhüllt, sie leben nun eng verbunden mit ihm. Und wenn man sie anschaut, sieht man etwas von Jesus. Diese elementare christliche Erfahrung begegnet uns in der Bibel auch in der häufigen Formulierung, dass wir »in Christus« sind.

Dieselbe geistliche Wahrheit gilt natürlich auch für Menschen, die schon vor ihrer Taufe Christen wurden, allerdings zeitversetzt. Denn sie haben Christus schon vorher angezogen und sind bereits zu einem früheren Zeitpunkt mit ihm eins geworden. Die nachträgliche Berührung mit dem Wasser der Taufe macht sie kein zweites Mal zu Christen, aber es kann ihre Verbindung mit Jesus neu sichtbar und spürbar werden lassen. Das kann eine eigene, wichtige und stärkende geistliche Erfahrung sein.

Wenn wir die verschiedenen Taufformeln anschauen, erkennen wir wiederum, dass das Neue Testament uns große Freiheit lässt, wie wir eine Taufe konkret gestalten wollen. Es kommt nicht auf die Korrektheit der Form oder der Worte an.

Allerdings gehört zur christlichen Taufe, dass sie sich auf den Gott bezieht, der sich in der Bibel offenbart. Und das ist der Dreieine, der Vater, Sohn und Heilige Geist, von dem Jesus in Matthäus 28,19 spricht. Wenn die ersten Christen aber das Besondere und Einzigartige ihres Glaubens und ihrer Taufe hervorheben wollten – im Gegensatz etwa zu jüdischen Waschungen und zur Taufe Johannes des Täufers –, dann mussten sie vor allem von Jesus reden. Denn vom Schöpfer und göttlichen Geist sprachen auch die Juden und Johannesjünger. Deshalb haben die ersten Christen bei der Taufe offenbar meistens einfach den Namen Jesus genannt. Mit ihm aber war und ist immer auch der dreieine Gott gemeint, dessen »ganze Fülle in ihm wohnt« (Kol 2,9). Denn in Jesus ist Gott zu uns gekommen. Wie kein anderer zeigt Jesus uns Gottes Gesicht und Wesen. Wer ihn sieht, sieht den Vater (Joh 14,9). Christ sein heißt, sich seiner Liebe zu öffnen, sich von ihr erreichen und prägen zu lassen. Sie berührt uns nicht weniger real, als das Wasser in der Taufe es tut.

Die Taufe ist ein überwältigendes Geschenk. In ihr wird sichtbar und erfahrbar, wie nah Gott mit uns verbunden sein will. Auf persönliche Weise kann er uns darin begegnen. Uns mit einem neuen Leben beschenken, wenn wir im Moment unserer Taufe den Schritt zum Christsein vollziehen. Uns mit Ermutigung, Freude, Inspiration, Kraft, Gewissheit und vielem anderen segnen, wenn wir bei unserer Taufe schon Christen sind. Und auch unsere kleinen Kinder kann er in der Taufe zart und liebevoll berühren. Seine Möglichkeiten kennen keine Grenzen.

Und unabhängig davon, wann oder wie wir die Taufe erlebt haben, kann sie uns ein Leben lang Halt geben und uns daran erinnern, dass Gott persönlich zu uns sagt: Du bist meine geliebte Tochter, die mir sehr gut gefällt! Du bist mein geliebter Sohn, an dem ich mich von Herzen freue!

Tauflied zur Melodie von EG 369 (Wer nur den lieben Gott lässt walten) und EG 200 (Ich bin getauft auf deinen Namen) oder zu einer Melodie, die uns noch geschenkt wird.

Ich bin getauft in Gottes Namen,
ins Meer der Liebe eingetaucht,
hinein in Güte und Erbarmen
und alles, was die Seele braucht,
um leicht zu werden, frei und weit –
hier will ich leben allezeit.

In Gott möcht ich mich ganz versenken
mit allem, was ich war und bin.
Mein Fühlen, Sehnen, Wollen, Denken,
Körper und Seele geb ich hin.
Ich lege mich in Gott hinein,
tauche in seinen Frieden ein.

Die Güte ströme auf mein Leben,
die ich bei Jesus spür und seh.
Von allen Seiten sanft umgeben
möge sie mich, wo ich auch geh.
Sie präge meinen Geist und Sinn,
dass ich ein Mensch voll Güte bin.

Im Geist des Schöpfers, seiner Nähe,
werde ich fröhlich, stark und still,
weil ich dort nichts als Liebe sehe,
die ohne Ende Gutes will.
O Gott, wie reich du mich beschenkst,
wie liebevoll du mich umfängst!